AF279081

# DOLÉANCES

### D'UN

# ÉLECTEUR

## DÉSAPPOINTÉ

..... Il est fâcheux que les lois ne soient pas également exécutées à l'égard de tout le monde, et qu'on puisse laisser supposer qu'elles ne sont faites que contre les faibles.

(M. LEVERRIER, *séance du Sénat du 30 avril 1867.*)

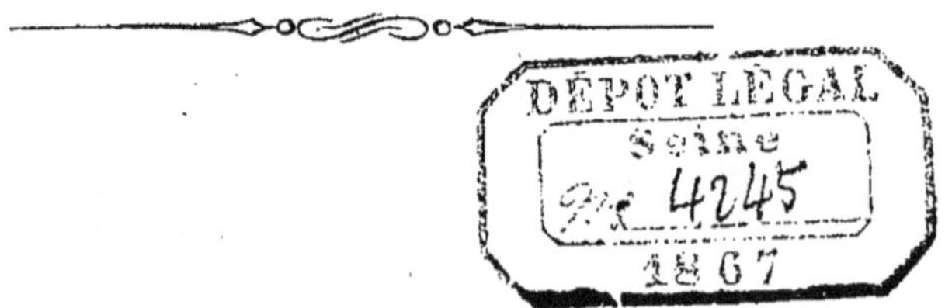


## PARIS

LIBRAIRIE CH. SCHILLER, FAUBOURG MONTMARTRE, 11

—

1867

*A M. Edouard André, député de l'arrondissement du Vigan (Gard),
maire de Rentilly (Seine-et-Marne).*

MONSIEUR LE DÉPUTÉ,

Au mois de mai 1864, préfet et sous-préfets, juges de paix et
commissaires, gardes champêtres et autres employés, enfin, tous
ceux que nous payons pour nous gouverner et... régenter, même
messieurs les maires, qui font cette besogne gratis, nous affir-
maient sur tous les tons que nous ne pouvions faire un meilleur
choix que vous pour nous représenter au Corps-Législatif.

Beaucoup étaient surpris et disaient : « Mais pourquoi aller
chercher à Paris un homme qui ne connaît ni nous, ni notre
pays, ni nos besoins, ni nos cultures, ni notre langue, et que,
du reste, — il faut être juste, — nous ne connaissons pas davan-
tage nous-mêmes? — Est-ce qu'en cherchant bien nous ne pourrions pas trouver quelqu'un parmi nous, qui, moyennant deux
mille cinq cents francs par mois, consentirait à aller dire au
gouvernement que les récoltes vont mal, que les impôts nous
écrasent, et que la part du gâteau qui nous est faite est bien
petite? — Et, une fois sa commission faite, lorsqu'il reviendrait
au pays reprendre ses occupations habituelles, nous pourrions
lui dire : Tu as bien fait, ou tu as mal fait. — Nous te louons
sur ce point ou te blâmons sur celui-là... Pensez-vous que l'idée
de ce contrôle incessant ne le tiendrait pas en garde contre les
beaux discours et les belles promesses, et qu'il ne ferait pas
comme le bon juge, qui ferme... l'oreille lorsque l'avocat parle
afin de ne juger le procès que sur les faits de la cause? »

Mais ceux qui font marcher les gendarmes nous répétaient
avec tant d'assurance que tout cela était inutile; que le gouver-

nement savait mieux que nous les hommes qu'il nous fallait, —
aux uns et aux autres; — que vous possédiez des millions et
l'oreille de plusieurs ministres : nous, pauvres paysans, habitués
à faire un peu comme nos moutons, et à suivre la direction
indiquée par la lanière de la houlette, sans nous préoccuper de
la laine que nous laissons toujours aux ronces du chemin, nous
avons fini par croire que vous nous ramèneriez l'âge d'or, — ce
que nous confirmait la générosité avec laquelle vous le répan-
diez pendant vos tournées électorales (1).

Et voilà comment, monsieur le député, près de la moitié
d'entre nous vous ont confié la défense, je n'ose dire de nos
droits, — nous ne les connaissons guère, — mais de nos intérêts.

Trois ans se sont écoulés... de grands événements se sont
accomplis... on a continué à dire et à prouver (?) que tout était
pour le mieux dans le meilleur des mondes possible... mais
nous... nous nous trouvons toujours... comme devant.

Aussi, on s'en entretient à la veillée, autour de l'âtre, en sor-
tant de l'église et de l'assemblée, au marché du samedi, et surtout les jours de foire, alors que nos ventes faites, nous trouvons
à peine sur nos bénéfices de quoi payer le percepteur.

Dernièrement, dans une de ces réunions fortuites, un de ces
hommes que l'on appelle « des mécontents » — car il parait qu'il
en reste encore, — disait en se gaussant : « Notre député, ou
plutôt *votre* député, a promis de faire connaitre nos souffrances
et de veiller sur nos intérèts, et cependant, depuis qu'il est à la
Chambre, il n'a pas encore prononcé le nom de notre arrondissement, il n'a pas même appuyé son collègue d'Alais, dépeignant
la situation malheureuse de nos contrées... (2) »

C'est qu'il ne les connait pas... ont dit, — presque en chœur, —
les assistants... et, comme d'eux tous, j'étais celui qui m'étais le
plus égosillé à crier : « Votons pour M. André..., » — j'ai tenu à
honneur de vous en instruire.

. . . . . . . . . . . . . . . . . . . . . . . . . . . . . . . . . . . . . . . . . . .

Lorsque vous venez visiter nos campagnes, il y a liesse au
bourg et à la ville. Le sous-préfet réserve pour vous son plus

_______

(1) *Moniteur* du 21 mars 1865, page 299.
(2) Voir la note de la dernière page.

gracieux sourire, et tout ce qui gravite autour de cet astre départemental l'imite avec zèle et souplesse... on brûle de la poudre en votre honneur, et les sérénades même ne vous font point défaut.

Rien de plus simple, monsieur le député... vous êtes riche... et possédez l'oreille des ministres ! ! !

Rien de plus simple aussi, que les mendiants d'argent ou de faveurs, qui assiégent vos antichambres d'hôtellerie, ne veuillent à aucun prix troubler cette douce quiétude.

Mais nous, trop au-dessous — ou au-dessus — de ces empressements intéressés, qui n'avons d'autre ambition que celle de voir prospérer nos récoltes et d'en tirer parti; qui ne voulons pas quitter le village pour chercher plus facile pâture ailleurs; qui ne désirons nullement d'émarger au budget — nous contentant, hélas! de le payer; et qui, enfin, n'avons pas de poudre à tirer, — car, même avec « le couronnement de l'Edifice » le droit d'en acheter est le privilége exclusif des porteurs de permis de chasse (1); — nous n'aurons pour vous ni sourire, ni grimace, et nous nous contenterons de vous dire, ce qu'on est convenu d'appeler la vérité « vraie, » puisqu'il semble qu'il y en a deux par le temps qui court, — signe évident des progrès que nous faisons en toutes choses...

. . . . . . . . . . . . . . . . . . . . . . . .

Les Cévennes, ainsi que vous ne l'ignorez pas, sont formées d'une succession nombreuse de vallées plus ou moins ouvertes. Les terrains qui bordent ses divers cours d'eau sont d'excellente nature, très fertiles, et s'engraissent constamment aux dépens des collines qui les environnent. Leur rareté est grande, et explique l'élévation considérable de leur prix, vu leur éloignement des grandes villes, et leur situation dans des localités où le mot « haussmaniser » est encore inconnu.

Les pentes abruptes de ces montagnes, recouvertes d'une couche de terre végétale excessivement mince, étaient pour ainsi

---

(1) A Paris on vend de la poudre à qui veut en acheter. Dans l'arrondissement du Vigan, on n'en délivre qu'aux citoyens munis d'un permis de chasse et d'un certificat du maire de leur commune; rendant ainsi illusoires les droits formellement consacrés par les articles 2 et 9, paragraphe 3, de la loi des 3-4 mai 1844.

dire improductives et formaient la majeure partie de notre sol. Nos pères, sobres et laborieux, et qui n'avaient pas *l'avantage* de pouvoir placer chez les percepteurs, ou autres agents financiers de l'époque, le produit de leurs économies en obligations foncières, mobilières ou..... mexicaines, — entreprirent de métamorphoser ces espaces arides en terrains productifs et fertiles.

Avec les pierres ramassées dans le lit du torrent, ils établirent de longues murailles au pied de la montagne, et, broyant le roc friable de leur flanc, ils *fabriquèrent* une terre artificielle, qui, mêlée à la légère couche qui les recouvrait, remplit cette espèce de terrasse bientôt propre à la culture du mûrier — longtemps appelé « l'arbre d'or, » — à celle de la vigne et de tous les autres fruitiers vivant dans les régions tempérées.

Ces essais réussirent; les terrasses se superposèrent par les mêmes moyens, couvrirent bientôt les pentes les plus abruptes, et des jardins productifs remplacèrent la ronce et le chardon.

Telle fut l'œuvre de nos pères et la *création* de cette terre, que l'on peut dire sans métaphore, « *arrosée de leur sueur.* »

On nous vante beaucoup les magnificences de la capitale et les prétendus tours de force qu'on y exécute — à force d'argent.

Nous admirons de confiance, mais persistons à croire, dans notre naïve simplicité, que ces modestes réparations sont aussi utiles et aussi rémunératrices, que le nivellement du Trocadéro, ou les *embellissements* du Luxembourg !

Jusqu'en 1850 nous continuâmes leurs efforts.... Mais alors commença la maladie des vers à soie, qui rendait nos plantations ruineuses, coïncidant bientôt avec les débauches financières de l'époque, et nos épargnes, si laborieusement acquises et jusqu'alors si utilement employées, aidèrent, elles aussi, à payer nos gloires et nos panaches; à construire les chemins de fer espagnols, portugais ou italiens; à soutenir la splendeur des harems de Tunis ou de Constantinople, ou à relever, désastreuse expérience ! le trône impossible de Montézuma !

Ces terres à peine créées, messieurs du cadastre, avec l'ardeur qui les caractérise, se hâtèrent de venir les mesurer, classer et imposer; et ils agirent avec tant d'empressement qu'ils négligèrent de tenir compte de la surface occupée par les murailles; de sorte que dans nos localités, un are de terrain imposé ne con-

tient, en réalité, que quatre-vingts centiares de terrain *producti-*
*ble*, et, par conséquent *imposable*, — au moins d'après la loi.
Cette surface étant d'un cinquième, il s'ensuit que nous payons
vingt pour cent de plus que ce que nous devrions *légalement*
payer..... Aussi dans nos villages reculés où les souvenirs du
passé sont encore si vivaces, il est des gens qui prétendent que
leurs impôts sont plus lourds que la dîme — l'horrible dîme! —
pour l'abolition de laquelle on a rasé la Bastille!!

Cette injustice, ou plutôt cette erreur que je vous signale, ne
la ferez-vous pas rectifier, vous qui nous avez solennellement
promis de défendre nos intérêts?

Notre arrondissement, qui n'est plus « la Terre promise, » n'a
guère, en réalité, que trois produits d'exportation.

Les châtaignes, — les cercles — et les cocons.

Avant les progrès que nous avons fait en toutes choses, nos
châtaignes, d'une qualité incontestablement supérieure, étaient
recherchées et valaient, sèches, quatre à cinq francs le double
décalitre. En 1866, il a fallu les céder à 2 fr. 45 c., après avoir
déboursé 40 0/0 de plus que par le passé pour frais d'exploita-
tion (1).

Ces résultats nous étonnent aussi profondément qu'ils nous
affligent, comme bien vous pouvez le penser, et ceux qui prétendent tout savoir nous disent : « Si les blés étrangers n'arri-
vaient pas en franchise à Marseille, le prix des châtaignes ne
se serait pas autant avili, et cette récolte donnerait encore un
certain revenu si, comme dans l'Ardèche, le Limousin ou le Dau-
phiné qui en produisent, nous avions des chemins de fer pour
en rendre l'exportation possible. » Il y a plus. — Des savants
prétendent que cette denrée pourrait être avantageusement
utilisée pour l'alimentation de la marine. J'ignore jusqu'à quel
point ils ont raison; mais ce que je puis vous affirmer, c'est que
la châtaigne sèche se conserve facilement d'une année à l'autre;
qu'elle triple son volume par la cuisson, et que nos cultivateurs
prétendent que lorsqu'ils en ont mangé une bonne assiettée le
matin, ils n'ont ni faim ni soif de la journée.

---

(1) Leur prix a été un peu plus élevé cette année. le pain valant
55 c. le kil... Mais ce n'est qu'accidentel.

Vous qui avez « l'oreille des ministres, » ne pourriez-vous pas en entretenir celui de la marine... lui faire tenter un essai?... Car enfin, donner des châtaignes aux matelots, ne me semble pas plus extraordinaire que d'octroyer à l'héroïque Parisien du coursier retraité, — « poule au pot » de notre siècle de prospérité et de bien-être.

Les cercles, fort dépréciés par la maladie de la vigne, après avoir vu leur prix fléchir de 12 fr. à 4 fr. la charge, commençaient à se relever et atteignaient celui de 8 fr. en 1860. Mais l'arrivée des fers anglais à Cette les a ramenés à 3 fr. 25 c..., et si le fameux traité de commerce forme la couronne triomphale d'un célèbre ministre, il n'est encore pour nous, modestes agriculteurs, qu'une véritable couronne d'épines.

Quant aux cocons, ce qui a été établi devant la commission d'enquête agricole dont vous faisiez partie, me dispense de nombreuses explications, et je me borne à vous rappeler que, soit par suite de la maladie des vers à soie, du renchérissement de la main-d'œuvre ou du prix élevé des graines, le produit des mûriers ne *suffit plus à leur entretien* (1).

Cette situation, sans doute, ne vous est point connue et nous n'en sommes pas surpris, car, qui vous l'aurait dépeinte? Ceux qui vous approchent à l'époque de vos rares apparitions dans nos contrées? Les uns sont fonctionnaires, étrangers à ces questions et ne les connaissant guère. — Les autres, simples citoyens et propriétaires... mais si heureux d'être admis en votre compagnie que l'excès de leur joie leur enlève toute préoccupation terrestre.

Pour connaitre l'état réel des choses, les vrais besoins du pays, parcourez les villages, visitez les hameaux, interrogez le paysan aux mains calleuses, et soyez certain de trouver sous son vêtement de bure autant de loyauté, d'urbanité et surtout de franchise que sous l'habit brodé le plus officiel.

Mais si le temps précieux que vous avez à nous consacrer ne vous permet pas d'aussi longues investigations, faites-vous ouvrir les cartons de la sous-préfecture, toujours prêts à s'épanouir sous vos regards, et consultez les tableaux de la popula-

---

(1) *Echo des Cévennes* du 9 novembre 1866.

tion. Vous y verrez qu'en dix ans, elle a diminué de plus de dix pour cent, quoique le chiffre des naissances soit constamment supérieur à celui des décès, et vous ne pourrez expliquer cette circonstance que par *l'émigration*, à laquelle sont réduits nos malheureux compatriotes, malgré leur attachement proverbial pour leurs montagnes.

Allez au greffe du tribunal civil et demandez le rôle des expropriations, et vous constaterez que, depuis 1848, elles ont augmenté de trois cents pour cent! Et remarquez bien qu'il s'agit d'expropriations ponr défaut de paiement, qui ruinent à jamais ceux qu'elles frappent, et non de celles qui se pratiquent à Paris, et dont le résultat le plus clair est de faire la fortune de ceux qu'elles atteignent!

Voilà, monsieur le député, l'état réel des choses dans notre arrondissement, et nous avons beau lire et relire les grands discours, les belles proclamations et les magnifiques rapports qui nous annoncent périodiquement, que jamais la prospérité publique n'a été plus grande, la France plus heureuse, la misère moins poignante : serions-nous doués de la miraculeuse perspicacité que M. le directeur général des postes attribue à ses agents, nous ne pouvons apercevoir pareilles vérités, — au moins en ce qui nous concerne, — et en fait de progression et de prospérité, nous ne voyons que celle de l'impôt qui, depuis 1851, a augmenté dans notre département de 1,499,079 fr. 13 c. (1).

Depuis plusieurs années, on nous entretient, au moment des élections surtout, — d'un chemin de fer à construire dans nos localités. Il constitue notre ancre de salut, car il nous rendrait la vie que ses voisins nous ont enlevée et nous permettrait de changer la nature de nos cultures et de nos industries... On lève des plans; — on fait des nivellements; — on enfonce des piquets; — on foule surtout force récoltes..., et tout se borne là.

Nous savons bien que cette construction ne regarde pas le gouvernement d'une manière directe ; mais si, poussé par vous, il

---

(1) Montant total des contributions directes pour
1851. . . . . . . . . . . . . . . . . . . . 4,948,925 fr. 24 c.
Montant total des contributions directes pour 1865. 6,448,004 37
Voir les *Annuaires du Gard*, de 1852 et 1856, page 598 et 805.

voulait prier instamment la Compagnie concessionnaire de mettre la main à l'œuvre, je suis convaincu qu'il serait écouté ; — les prières des gouvernements étant, en général, plus facilement exaucées que celles des simples pécheurs... Et si l'utilité ou l'opportunité de cette entreprise, — enfin décrétée, — était contestée, nous pourrions répondre : qu'ayant déjà produit pendant sa *gestation* le succès de plusieurs candidatures officielles, nous sommes en droit d'attendre de sa venue au monde de bien plus merveilleux résultats, tant au point de vue local que gouvernemental.

Vous parlerai-je de nos routes et de nos chemins? Vous en avez parcouru un certain nombre, mais si rapidement qu'il a dû vous être difficile, surtout au milieu de la flèvre électorale, de juger de leur état déplorable. Je vous rappellerai donc que notre grande et unique artère, la route impériale nº 99, a dans son parcours, des points nombreux sur lesquels deux voitures ne peuvent se croiser; que plusieurs villages ne sont point encore accessibles aux charrettes : que la plupart de nos transports agricoles ne peuvent s'effectuer qu'à l'aide de bêtes de somme, et que, bien souvent, — chose incroyable au dix-neuvième siècle, — ils ne sont possibles qu'à dos d'homme !... (1).

... En présence d'une situation pareille, et malgré cette bonne volonté, dont nous avons donné tant de preuves, pouvons-nous monter au Capitole et remercier les dieux, ainsi qu'osent le prétendre quelques apologistes plus officiels que clairvoyants?

Certains se plaignent de l'inutilité ou du manque absolu de vos démarches... D'autres célèbrent vos libéralités. Nous professons pour vos intentions et vos actes le respect le plus absolu, mais tenons essentiellement à vous rappeler les *intérêts généraux* de nos malheureuses contrées, et surtout à ne pas vous laisser ignorer, — car nous sommes fiers sous nos haillons, — que lorsque nous vous dépeignons nos misères, nous ne demandons pas l'aumône, mais *justice*... Cette justice que nous attendons depuis dix-huit ans !

---

(1) L'arrondissement du Vigan n'a que un are vingt centiares de *voie publique* par cent ares de terrain productible et imposé, tandis que les autres parties du département en possèdent deux ares.

L'expérience nous enseigne que les faveurs ne sont guère le partage des petits... Aussi nous n'y prétendons point et nous bornons à désirer que l'on fasse pour nous, — électeurs si dociles..., mais contribuables, — ce qu'on fait pour les autres; et que la manne gouvernementale si libéralement répandue jusqu'ici sur les cités les plus riches, tombe enfin sur nos pauvres communes rurales, — pour lesquelles on professe un amour bien bruyant, — mais qui nous semble — bien platonique.

Je crois vous avoir dit que, dans nos pays reculés où pénètrent aussi difficilement que marchandises et voyageurs, les idées nouvelles, il y avait encore des esprits chagrins, — évidemment « hommes des anciens partis. »

Si vous saviez comme ils jasent et devisent, comme ils examinent et critiquent; comme ils comparent le présent au passé et s'évertuent à nous prouver que nous n'avons rien gagné à tous nos changements de systèmes!

Ils nous disent : « Dans toutes les circonstances vous avez » chanté et battu des mains, allumé des feux de joie et dressé » des arcs de triomphe. Quel profit en avez vous tiré? Payez-vous » moins d'impôts? Vos récoltes sont-elles plus productives? vos » chemins plus praticables? Avez-vous plus de liberté? Four- » nissez-vous moins d'hommes à la conscription et le prix d'*exo-* » *nération* est-il moins élevé que celui du *remplacement?*

» Pendant que toutes les villes se métamorphosent, que fait- » on pour les campagnes qui ont conduit Napoléon III aux Tui- » leries? Que fait-on pour nos malheureuses Cévennes? Com- » ment nous indemnise-t-on des pertes que des cas fortuits nous » amènent? (1)

---

(1) Le 11 octobre 1861, un pont situé sur la principale voie de communication de la commune d'Aumessas est emporté par une inondation. La reconstruction en est immédiatement demandée, et, grâce à la merveilleuse organisation du service des chemins vicinaux dans l'arrondissement du Vigan, elle peut être exécutée... cinq ans après, en octobre 1866..., avec une dépense de 9,000 francs environ, provenant d'impositions extraordinaires ou souscriptions volontaires.—D'une *conduite électorale irréprochable*, cette commune, si éprouvée par l'épidémie des vers à soie, s'attendait à recevoir un secours proportionné à ses sacrifices et à sa position exceptionnellement malheureuse... Quatre cents francs! lui sont alloués au mois de mars 1866, grâce à l'arrivée d'un nouveau préfet dans le département, et la nouvelle de cette... li-

» On a organisé des souscriptions publiques pour les ouvriers
» cotonniers. nous y avons contribué. — Quelle part en ont re-
» tiré ceux de notre arrondissement? Notre obole a été sollicitée
» et donnée pour les inondés et les colons d'Afrique qui ont
» perdu une récolte : mais s'est-on enquis de nous qui, depuis
» *dix-huit ans*, nous trouvons dans une position encore plus
» grave par le manque consécutif de celle des cocons, principal
» et presque unique revenu d'un grand nombre de nos commu-
» nes? Nos plaintes ont retenti au Sénat et au Corps législatif :
» qu'avons-nous obtenu? Une modération d'impôts qui s'élève,
» en prenant pour point de comparaison celle attribuée à la
» commune d'Aumessas, l'une des plus maltraitées par la maladie
» des vers à soie, à *dix-sept sous* par habitant, *en deux ans*, soit
» environ un sou par an et par individu, depuis le commence-
» ment de l'épidémie!!! — L'argent de nos contributions aide à
» percer les boulevards de Paris, aussi magnifiques que coûteux,
» et les brouettes circulent à peine sur nos chemins; — à y re-
» construire palais et théâtres, et nous n'avons pas de maisons
» d'école; nous manquons d'hospices pour nos indigents! Nos
» vieux braves échappés aux glaces de la Russie ou au sabre des
» *bons* Prussiens à Waterloo, doivent s'estimer heureux de
» toucher annuellement quelques cinquantaines de francs, par-
» cimonieusement distribués! Continuez ou cessez vos plaintes,
» peu importe! Nos dépenses sont si exagérées, nos finances

---

béralité met cinquante-neuf jours à franchir les treize kilomètres qui
séparent les bureaux de la sous-préfecture du Vigan de la mairie
d'Aumessas, bien qu'on n'ignorât pas la mauvaise impression pro-
duite dans cette localité par l'indifférence avec laquelle ses nombreuses réclamations avaient été accueillies.

Dans des circonstances analogues, le gouvernement de Juillet, avec
un budget presque inférieur de moitié à celui que nous payons au-
jourd'hui, fournissait ordinairement le tiers de la dépense.

. . . . . . . . . . . . . . . . . . . . . . .

Par suite de la même inondation j'éprouvai un dommage de cinq à
six cents francs. Le régisseur de mes propriétés crut devoir, en mon
absence, pétitionner à ce sujet. Il déboursa 35 centimes pour
timbre et 20 centimes pour frais de poste, ensemble cinquante-cinq
centimes... M. le directeur des contributions directes m'annonça, le
15 mai 1862, qu'on *avait prononcé en ma faveur* une modération d'impôt de... vingt-neuf centimes!!!

On ne croirait pas à de pareilles plaisanteries si on n'en avait les
preuves écrites sous les yeux.

» dans un si mauvais état, que le gouvernement ne peut rien
» faire pour nous, — qui formons les deux tiers de la popu-
» lation. »

  D'autres répondent : « On nous déclare que la France n'a jamais
» été si prospère..... C'est inexact pour nos localités, mais bien
» vrai pour le restant du pays. Parce qu'on nous a négligés jus-
» qu'ici, est-ce à croire qu'on ne s'occupe pas de nous ? — Et
» pourquoi nous oublierait-on ? Depuis qu'il a plu au gouverne-
» ment de nous désigner ceux qui lui paraissaient devoir être les
» meilleurs défenseurs de nos intérêts — communs, — nous avons
» accepté ses indications avec le plus grand respect, alors même
» qu'elles portaient sur des hommes totalement inconnus et étran-
» gers à nos contrées, et n'avons pas craint de laisser ainsi s'ac-
» créditer cette humiliante supposition : — Que nos pays n'avaient
» pas même un citoyen capable d'aller voter au Corps législatif ?
» Pensez-vous qu'il ne nous sera pas tenu compte — un jour —
» de cette rare confiance ? Continuons à seconder les nobles
» efforts de la paternelle et intelligente administration qui nous
» dirige ; ayons patience... et notre tour viendra. »

  Ces discours, quelque encourageants qu'ils soient, ne nous
rassurent qu'un instant, et comme ils nous rappellent, —
malgré nous, — le langage du médecin de la fable, nous
nous méfions et écoutons les premiers avec plus de faveur.
Aussi qu'en résulte-t-il ? C'est que le candidat officiel ne recueille
plus en 1863 que 47 pour cent des suffrages, tandis qu'il en réu-
nissait 62 pour cent en 1857 ; de sorte que dans notre circons-
cription si dévouée, mais aussi tant délaissée, le gouvernement
a perdu, en six ans, quinze pour cent de ses amis ! (1)

  Voyez, monsieur le député, combien il est urgent d'apporter
remède à notre mal, si vous ne voulez pas qu'il devienne incu-
rable. Ce remède est facile, et votre grande influence, qu'on a
fait sonner si haut, — au moment du vote, — peut et doit l'obtenir.

---

(1) Elections de 1857. Electeurs inscrits, 38,813. — Pour M. E.
André, candidat officiel : 24,034 voix.
  Elections de 1863. Electeurs inscrits, 27,671. — Pour M. E. André,
candidat officiel : 13,047 voix.
  (Voir les annuaires du Gard des années 1860 et 1865.)

Il consisterait :

« Dans le dégrèvement de l'impôt sur les mûriers jusqu'à la disparition complète de l'épidémie des vers à soie ;

» Dans la révision du cadastre en ce qui concerne les terres de cette culture ;

» L'introduction de la châtaigne dans l'alimentation de la marine ;

Et enfin « la construction immédiate du chemin de fer de Lunel au Vigan, et l'amélioration sérieuse de nos misérables voies de communication (1) . . . . . . . . . . . . . . . . . . . . . . . »

*Pour cette fois,* j'ai voulu seulement vous faire connaître nos maux présents, et par vous, s'il se peut, en obtenir la fin. Je ne vous parlerai donc point des projets de réorganisation militaire, qui ont déjà jeté l'inquiétude dans toutes les chaumières, mais ne vous laisserai pas ignorer que, si nous écoutons encore avec un certain orgueil les récits épiques des vieux médaillés de Saint-Hélène ; que si nous sommes prêts à tous les sacrifices pour la défense de nos frontières, toutes les mères pâlissent au triste souvenir des levées en masse, et que, pour nous, tous les lauriers de l'Empire ne compensent point les désastres et les humiliations de 1815 !

Tel est, monsieur le député, l'état réel des choses et de l'opinion dans nos malheureuses Cévennes ; et si le droit sacré de pétition pouvait y être exercé sans encombre, l'exposé que je vous adresse vous arriverait couvert de nombreuses signatures. Mais, comme c'est dans l'arrondissement du Vigan, où l'on rencontre des commissaires de police aussi zélés que cantonnaux, qui osent le méconnaître, en vertu de je ne sais quels ordres, je dois me résigner à me faire *« seul »* l'écho fidèle de mes compatriotes (2).

. . . . . . . . . . . . . . . . . . . . . . . . . . . . . . . . . . . . . .

Notre situation déplorable, je vous l'ai exactement dépeinte ;

---

(1) La prospérité, la moralité et la sécurité des campagnes réclament également l'achèvement du réseau des lignes vicinales. Il n'est personne qui, en proclamant cette nécessité, ne regrette les obstacles qui se sont opposés, jusqu'à ce jour, à l'exécution de ce grand travail.... (M. Goulhot de Saint-Germain, séance du Sénat du 7 mai 1867.)

(2) Le 27 mars 1867, M. Félix Teulon, avocat et notaire à Vallerangue (Gard), se trouvait chez le sieur X, tailleur d'habits, lui don-

nos désirs, je vous les ai clairement exprimés ; les espérances fondées sur votre élection, je ne vous les ai point dissimulées..... Vous avez les preuves de notre bon vouloir..... Nous attendons celles du dévouement que vous nous avez promis.

Si, par vous, il est fait droit à nos justes réclamations, apporté soulagement à nos misères, vos efforts n'auront pas été stériles et ne demeureront pas sans conséquences. — Nous, électeurs, nous aurons la preuve que l'on gagne quelque chose à voter pour les candidats du gouvernement ; et vous, député, vous pourrez au moins conquérir la chance, dans la prochaine lutte électorale..... de tomber convenablement sur le champ de bataille !!!

**Édouard FLORY,**
Propriétaire-agriculteur.

Paris, 15 mai 1867 (1).

---

nant lecture d'une pétition très respectueuse qu'il adressait à S. M. l'Empereur et l'invitait à la signer. Le commissaire de police entre inopinément, la lui arrache des mains, la saisit, et ne donne d'autre prétexte à sa conduite que les instructions du sous-préfet du Vigan.

Ces faits longuement racontés dans le *Phare de la Loire*, le *Temps*, la *Liberté*, la *Gazette de France*, etc., au commencement du mois d'avril, n'ont été l'objet d'aucune rectification. Nous pouvons donc les tenir pour avérés, et cependant, commissaire et sous-préfet occupent encore leur même poste et continuent, sans doute, à y fonctionner avec autant de zèle et d'intelligence !

Des faits de cette nature n'expliqueraient-ils pas, jusqu'à un certain point, l'inutilité des démarches que l'on fait depuis près de cinq mois, afin de trouver un maire pour le bienheureux chef-lieu de cet arrondissement?

(1) Cet exposé était sous presse au moment où les interpellations de l'honorable M. Fabre, député d'Alais, relatives à l'épidémie des vers à soie étaient discutées au Corps législatif.

Dans un langage modéré, ferme et loyal, il a indiqué avec une parfaite exactitude, la situation déplorable des Cévennes et autres contrées séricoles.

M. André a confirmé les assertions de son collègue et déclaré qu'il s'en rapportait à la sagesse du gouvernement.

Enfin, M. le ministre de l'agriculture a répondu que le gouvernement avait fait, dans la limite de ses pouvoirs, ce qu'il pouvait et ce qu'il devait faire, et que prétendre le contraire était le critiquer mal à propos.

Aux électeurs à lire attentivement cette discussion dans le *Moniteur* du 18 mai 1867, et à juger !

---

Paris. — Imprimerie CH. SCHILLER, faubourg Montmartre, 10.